O livro do adolescente

Discutindo ideias e atitudes com o jovem de hoje

LILIANA IACOCCA
MICHELE IACOCCA

editora ática

Quer saber como foi criar este livro?

Foi uma experiência estimulante e cheia de desafios.

Desde o momento que resolvemos fazer um livro que mexesse com o adolescente, nos deparamos com uma série de questões: como fazer isso? Que linguagem usar? Que cara dar ao livro?

O que a gente queria era falar das coisas com espontaneidade, passar ideias de um jeito legal e sem dar conselhos. E entre um bate-papo e outro, troca de opiniões, pesquisas, entrevistas, tentativas... decidimos usar uma linguagem direta e dinâmica, bem-humorada e provocativa. Enfim, um livro com a cara do jovem.

Que temas tratar?

É lógico que inicialmente a lista de temas era quilométrica! Acabamos escolhendo os que pudessem provocar mais interesse, reflexão, discussão... tanto do ponto de vista pessoal, como autoestima, aparência, sexualidade; quanto social: cidadania, política, globalização.

E procuramos fazer desses temas um convite para o adolescente se aventurar em meio às provocações, ideias, interrogações... Aliás, as perguntas que aparecem ao longo do livro não são testes para preencher nem pedem respostas imediatas. Cada leitor, a seu tempo, pode ir formando sua própria opinião, na busca de sua identidade e dos seus verdadeiros valores.

Esperamos que O livro do adolescente *seja estimulante e cheio de desafios também para você.*

Nós já vivemos a experiência da adolescência e sabemos como é, cheia de deslumbramentos e contradições, de novidades e indagações, de perplexidade e onipotência... Enfim, profundamente fascinante!

De coração, se fosse possível voltar atrás, começar tudo de novo, com certeza o nosso ponto de partida seria a adolescência.

Liliana e Michele

O livro do adolescente
© Liliana e Michele Iacocca, 2000

DIRETOR EDITORIAL	Fernando Paixão
EDITORA	Carmen Lucia Campos
EDITORA ASSISTENTE	Maria Elza M. Teixeira
REVISÃO	Glair P. Coimbra
	Agnaldo S. Holanda Lopes
	Alessandra Miranda de Sá
CONSULTORIA	Liliana Scheliga (terapeuta de adolescentes e adultos)
	Maria Helena Rodrigues (psicopedagoga)
	Maria de Fátima M. de Gola (psicopedagoga)
ARTE	
PROJETO GRÁFICO	
E EDITORAÇÃO ELETRÔNICA	A+ Comunicação e Desenho Gráfico
	Eduardo Rodrigues
EDITORA	Suzana Laub
EDITOR ASSISTENTE	Antonio Paulos
EDITORAÇÃO ELETRÔNICA DE IMAGENS	César Wolf

CIP-BRASIL. CATALOGAÇÃO NA FONTE
SINDICATO NACIONAL DOS EDITORES DE LIVROS, RJ

I12l

Iacocca, Liliana, 1947-2004
O livro do adolescente: discutindo ideias e atitudes com o jovem de hoje / Liliana e Michele Iacocca ; ilustrações Michele. - 1.ed. - São Paulo : Ática, 2002.
144p. : il. -(Universo jovem)

ISBN 978-85-08-08182-0

1. Literatura infantojuvenil brasileira. I. Iacocca, Michele, 1942-. II. Título. III. Série.

09-2919. CDD: 028.5
CDU: 087.5

ISBN 978 85 08 08182-0 (aluno)
ISBN 978 85 08 08183-7 (professor)
CAE: 218618
2017
1ª edição
18ª impressão
Impressão e acabamento: Bartira

Av. Otaviano Alves de Lima, 4400 – CEP 02909-900 – São Paulo, SP
Atendimento ao cliente: 4003-3061 – atendimento@atica.com.br
www.atica.com.br – www.atica.com.br/educacional

Sumário

adolescente

E OUTRAS VEZES NEM SEI SE ESTOU ALEGRE OU TRISTE?
QUE SINTO VÁRIAS COISAS AO MESMO TEMPO E FICO TODA SEM SABER O QUE FAZER?
E ISSO NÃO É UMA EXPERIÊNCIA FANTÁSTICA?
VOCÊ ACHA?
GENTE! ELE DIZ QUE TUDO ISSO É FANTÁSTICO...
QUERO VER VOCÊ ME CONVENCER DISSO!
NÃO SE PREOCUPE. TEMOS O LIVRO TODO PELA FRENTE...
MICHELE

aparência

autoestima

agressividade

amizade

alimentação

a

bloqueios

bebidas

Brasil

aparência

Se você gosta de ser diferente, chamar a atenção, chocar os outros... tudo bem, faz parte da adolescência. Mas já pensou até que ponto a indústria da moda e os meios de comunicação manipulam os seus desejos e gostos?

Você sabe lidar com isso e fazer suas próprias escolhas?

Você é do tipo que ...

- não está nem aí para a própria aparência?
- adora se exibir?
- deseja andar na moda a qualquer custo?
- consegue cuidar da aparência com pouco dinheiro?
- acha que o sucesso de uma pessoa depende da grife que ela usa?
- procura através da aparência mostrar exatamente quem você é?
- vive se comparando aos ídolos que aparecem nas revistas e na TV?

Enquanto você pensa que a **aparência** é um corte de cabelo diferente, um tipo de roupa, um corpo malhado, um piercing no nariz...

Aparência também é a expressão facial, um jeito de olhar, um sorriso, os gestos, a maneira de alguém andar, as diversas formas de se comunicar. É o que cada um tem de pessoal e único no seu modo de ser.

Como anda sua autoestima?

- Está satisfeito em ser como é?
- Vive querendo ser diferente do que é?
- Consegue reconhecer suas qualidades e dificuldades?
- Pensa sempre de forma negativa a seu respeito?

Autoestima é gostar de si mesmo, aceitar a própria maneira de ser, respeitar-se, saber do que se gosta e do que não se gosta, defender seus direitos e opiniões, reconhecer as próprias fraquezas e limitações.

Claro que isso não quer dizer que você precisa passar a vida contemplando a própria imagem no espelho.

Em nome da autoestima ...

... esta garota exagera em certas atitudes

Acredita que suas conquistas só se realizarão através da aparência e não pelo que ela realmente é. Quer aparecer a qualquer custo, vive competindo com as outras garotas, se veste e se arruma para aparentar mais idade, elege ídolos para imitar.

- O que isso pode representar para o desenvolvimento da personalidade dela?
- Que outros aspectos na sua maneira de ser ela poderia desenvolver e cultivar?

... este garoto adora se exibir

Vive se gabando de talentos que não possui, às vezes usa da força física para se autoafirmar, frequentemente age de forma machista e preconceituosa. Fala muito, mas raramente escuta o que os outros falam.

- O que você acha dele?
- Será que ele é aceito pelo grupo que frequenta?
- O que ele deveria fazer para mudar essas atitudes?

Existem dois extremos: o jovem que acha que o mundo gira ao redor dele, que é capaz de tudo e não tem limitações. E o jovem que se fecha em si mesmo e acredita não ser capaz de nada.

Então, vale a pena pesar na balança esses dois extremos, repensar a própria maneira de ser...

Você pode ter certeza de que quem na adolescência desenvolve uma autoestima saudável passa a ser uma pessoa mais respeitada, solidária, conquista mais amigos e, em geral, mais segurança na vida adulta.

agressividade

Em geral, quando uma pessoa age de forma agressiva é porque está insegura e com medo, tem dificuldade em trocar ideias com os outros, não se sente amada nem compreendida...

Sabia que a agressividade pode ser controlada?

Desenvolvendo o senso crítico e a reflexão, podemos adquirir a capacidade de analisar e mudar o nosso comportamento. E tem mais: o autocontrole é sinal de maturidade e segurança!

Bom mesmo é transformar a agressividade em dinamismo e atitudes positivas: descarregar a energia em algum esporte, interessar-se por aprender coisas novas, acreditar mais em si próprio para melhorar a autoestima... E que tal fugir de filmes e programas de TV violentos?

Na sua opinião ...

... qual destas pessoas se comporta com mais agressividade?

- A nervosa que vive estourando e quer bater em todo mundo.
- A metida a engraçadinha que dá risadinhas, faz pouco caso e conta piadinhas preconceituosas dos outros.
- A arrogante que invade o espaço alheio.
- A impulsiva que ofende com palavras pesadas.

Ninguém está livre de, um dia, perder o controle. Mesmo sem querer, pode acontecer...

Depois que aconteceu: reflita, peça desculpas, explique-se, converse sobre o assunto, troque ideias... Com certeza você vai sentir-se muito melhor, e tudo pode terminar num entendimento.

Para pensar: Que situação ou atitude dos outros gera em você uma reação agressiva?

Esta é a opinião de Leandra, 14 anos, sobre a amizade:

"Acho que viver sem amigos é praticamente impossível. É com eles que eu me entendo, que converso do jeito que gosto de conversar, que me divirto... De vez em quando acontece uma discussão, uma briguinha, mas depois tudo volta ao normal... acho que isso faz parte!"

Você concorda com ela?

Que sentimentos e comportamentos ...

... são revelados nestes diálogos?

1 **Júlia** – Sofia, eu sou sua amiga mas não sou sua sombra, gosto de ter outros amigos também.
Sofia – Deixa de ser metida! O que você está querendo dizer com isso?

2 **Pedro** – Não adianta reclamar, Tomás, você implica com tudo, e ninguém é obrigado a aceitar você no trabalho de grupo...
Tomás – Por essa eu não esperava, até você, Pedro!
Pedro – Falei numa boa e não vai ser isso motivo para brigar... muito pelo contrário.

3 **André** – Não trouxe o CD de novo, Taís? Já faz duas semanas que você me pediu emprestado.
Taís – Tanto drama só por causa de um CD!

4 **Cláudia** – Olha só que roupa horrível que a Estela está usando hoje, Sabrina!
Estela – Oi, Cláudia, Sabrina, tudo bem? Do que vocês falavam?
Cláudia – Do seu vestido. Que gracinha, Estela. Onde você comprou?

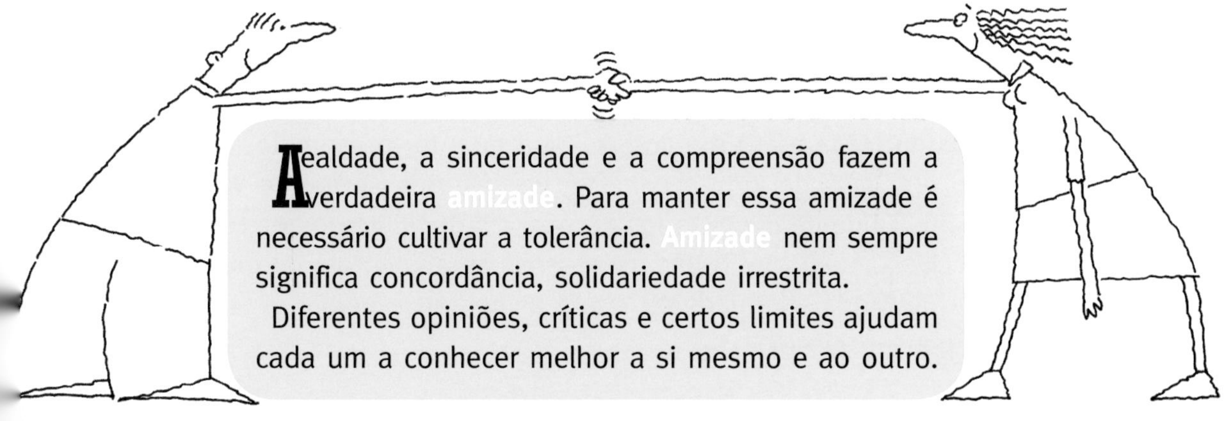

A lealdade, a sinceridade e a compreensão fazem a verdadeira amizade. Para manter essa amizade é necessário cultivar a tolerância. Amizade nem sempre significa concordância, solidariedade irrestrita.
Diferentes opiniões, críticas e certos limites ajudam cada um a conhecer melhor a si mesmo e ao outro.

alimentação

Às vezes é fome mesmo, às vezes é o cheiro, o visual, a companhia, o encontro na mesa e até a gulodice. Seja qual for o estímulo, a alimentação é a base da vida e comer é um ato que se repete várias vezes ao dia. Evidentemente todos necessitam de alimentos e gostam de comer. Mas... será que todas as pessoas se alimentam da mesma maneira e de forma adequada? O que é alimentar-se bem?

Você já pensou nisso?

Adolescentes têm problemas com comida?

Com a palavra ...

... um jovem que trabalha durante o dia e estuda à noite: "Vivo correndo de casa para o trabalho e do trabalho para a escola. Mal dá tempo de comer direito. Às vezes é só uma refeição por dia, e olhe lá!"

... uma mãe: "Tenho três filhos adolescentes que só gostam de comer 'porcarias': sanduíches, salgadinhos, doces... Fico preocupada, mas não é fácil resolver o problema."

... um médico: "Atendo jovens com sérios problemas alimentares. Desde os que comem compulsivamente e se escondem atrás da obesidade, em geral por insegurança ou sentimento de inadequação, como também os que querem emagrecer e se sujeitam a 'morrer' de inanição por anorexia nervosa, em virtude da extrema preocupação com a aparência do corpo."

... uma nutricionista: "Em geral os adolescentes se alimentam mal. Além de não seguir uma dieta balanceada, comem apressadamente, sem mastigar direito, na maioria das vezes na frente da TV. Por essa razão é que ficam acima do peso, têm problemas estomacais, e até taxas de colesterol altas."

A anorexia é uma doença de difícil tratamento, pois a pessoa perde a noção de sua imagem corporal, achando-se sempre gorda por mais magra que esteja!

Tudo bem, uma "bobagem" de vez em quando não faz mal a ninguém. Mas uma **alimentação** equilibrada só traz benefícios, principalmente para quem está em fase de crescimento.
Você sabia que a sua saúde no futuro vai depender muito da qualidade da **alimentação** que você tem hoje?

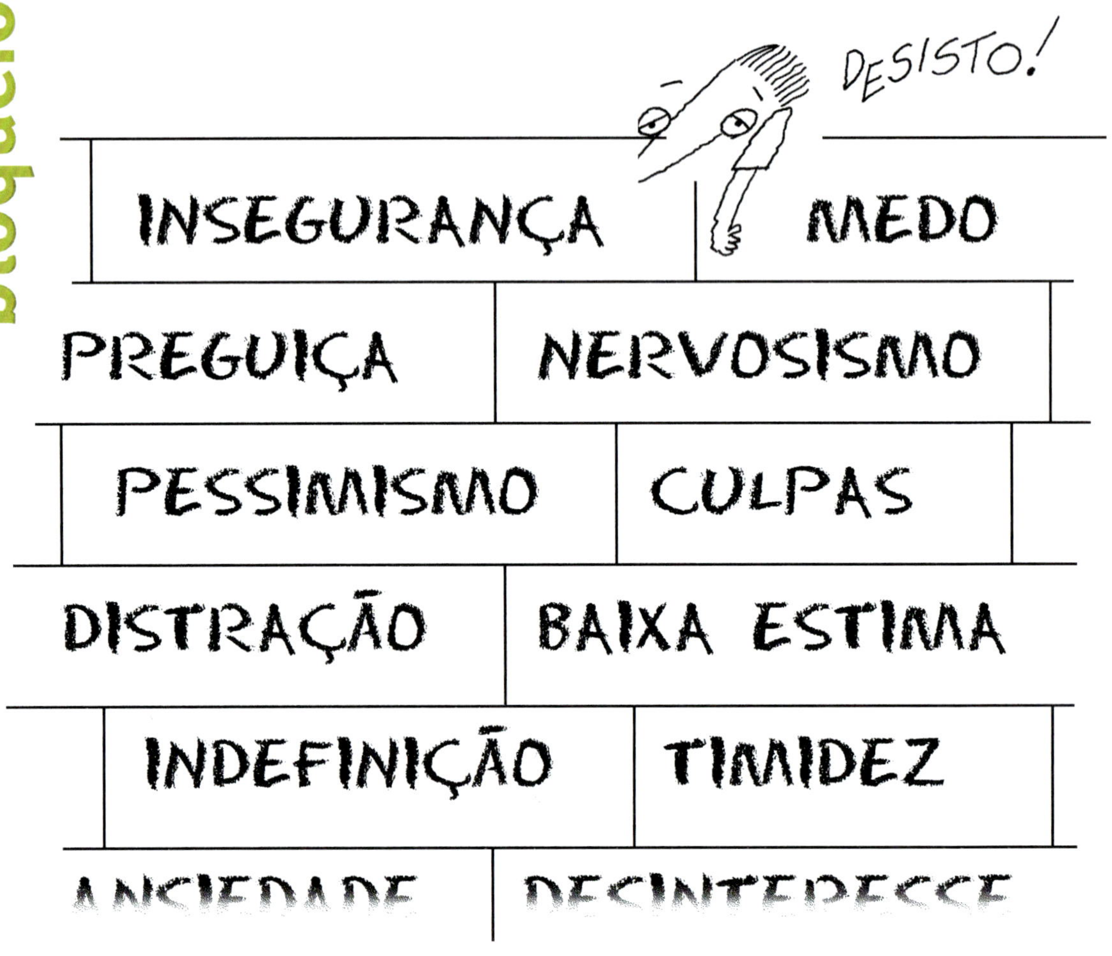

QUE TAL TENTAR DERRUBAR ESSE MURO!

Você sabe o que são bloqueios?

São estados de espírito, dificuldades emocionais, maneiras de se comportar e até sentimentos que impedem as pessoas de se sentir bem consigo mesmas e na relação com os outros.

Meio caminho andado é perceber os próprios bloqueios e o mal-estar que causam. Para se livrar deles, vale o esforço pessoal, mas a melhor saída é conversar sobre o assunto com alguém de sua confiança.

O que você acha que vai ganhar se ...

... deixar a timidez de lado e expor suas opiniões?

... der férias para a preguiça?

... perceber que você não é culpado de tudo o que acontece, pois não está sozinho no mundo?

... apostar no otimismo?

... mostrar interesse pelo que ocorre ao seu redor?

... controlar aquele medo bobo que só atrapalha?

... contar até dez antes de estourar?

... gostar mais de si mesmo e adquirir segurança?

"Que tal uma cervejinha aí?"

Aposto que você já escutou essa frase.

Na maioria das vezes, influenciado pela turma e por achar que será deixado de lado se não aceitar, o jovem pensa: "Afinal, uma cervejinha não faz mal a ninguém!"

Na verdade não é bem assim, considerando o grande número de pessoas que se tornam dependentes de bebidas alcoólicas desde a juventude.

Qual é a vantagem de ...

... beber?

... faltar à aula para ficar bebendo no barzinho perto da escola?

... achar que a inibição desaparece tomando umas e outras?

... depois da primeira, curtir a segunda e se atrapalhar na terceira?

... passar mal por causa da bebida e levar bronca dos pais?

... contar vantagem porque "encheu a cara"?

O que você pensa das bebidas alcoólicas?

"Bem, acho que é uma coisa complicada. Tem muita gente que sai bebendo e acaba fazendo besteira. Não acho graça nenhuma em quem cai na bebedeira e fica todo zoado arrumando briga e acidentes."

(Igor – 15 anos)

Brasil

Você já pensou que na história do mundo o Brasil é um dos países mais jovens que existem? Isto quer dizer que comparado a muitos outros ele é praticamente um país que está na adolescência... assim como você.

O que você espera dele? O que será que ele espera de você?

casa

convivência

cidadania

consumo

cultura

corpo

cigarro

C

drogas

diversidade

discriminação

direitos humanos

O que é mais importante:

A aparência de uma casa ou a relação entre as pessoas que moram nela?

O que sua casa é para você?

"Casa? A minha é bonita. Mas lá todos reclamam de mim, sei que sou bagunceiro porém é só isso que eles enxergam."
(Júnior – 13 anos)

"Pai, mãe, irmãos, parentes, enfim... família às vezes cansa. Morro de vontade de ser independente, mas sair de casa e viver mal, jamais!"
(Samanta – 16 anos)

"Minha casa é feia, sem conforto. Eu quero me dar bem na vida e ter uma casa melhor. Felizmente, minha família é ótima."
(Léo – 15 anos)

"Meus pais são separados e eu tenho duas casas. Casa por casa prefiro a do meu pai, que é muito mais organizado."
(Cristiano – 12 anos)

"Faz dois meses que fugi de casa porque não aguentava mais os problemas por lá... moro na rua e também é bastante complicado. Nada dá muito certo comigo."
(Jonas – 16 anos)

"Tudo o que eu gostaria de ter é um quarto só pra mim."
(Gina – 13 anos)

A intimidade de cada um, a liberdade de se expor, o respeito pelo espaço do outro, a ajuda mútua em todos os sentidos, o aprendizado da convivência, a afetividade verdadeira... onde podem começar e se desenvolver?

Numa casa, é lógico!

convivência

Onde você convive melhor com as pessoas? Em sua casa, na escola, com a turma do bairro... Que tal aproveitar o momento para pensar sobre o que há de bom ou de ruim nos seus relacionamentos?

Você age assim?

- Espalha na turma um segredo que a amiga pediu que guardasse.
- É gentil.
- Grita, xinga e bate portas quando é contrariado.
- Aceita críticas sobre suas atitudes.
- Fala "bom-dia, boa-tarde, dá licença, me desculpe, muito obrigado".
- Aponta mais os defeitos que as qualidades dos outros.
- Provoca, provoca... até as pessoas perderem a paciência.

E se agissem assim com você?

Nada melhor do que a boa disposição para encarar a convivência como um aprendizado constante do dia a dia. Nem sempre as relações acontecem como a gente deseja... um pouco de compreensão hoje, certa tolerância amanhã, e assim vai...

A troca que a convivência proporciona traz ganhos que permitem a cada um se conhecer mais e se relacionar melhor.

cidadania

Tem adolescente que acha cidadania um assunto complicado, papo de adultos quando discutem política. Mas não é bem assim. Ser um bom cidadão, um cidadão de verdade, é participar da sociedade em que se vive, conhecendo e defendendo os próprios direitos e tendo consciência dos próprios deveres.

E você? Anda exercendo sua cidadania?

Alguns exercícios cotidianos de cidadania

- A defesa do meio ambiente.
- O comportamento civilizado no trânsito.
- A busca de informação.
- O combate à discriminação.
- O voluntariado.
- O respeito à liberdade de pensamento e de ação do outro.
- A não violência.
- O cultivo da tolerância.
- A não aceitação das injustiças sociais.

Você já ouviu falar do **Estatuto da Criança e do Adolescente** (ECA)? Este estatuto foi elaborado para criar normas e comportamentos legais em relação aos direitos das crianças e adolescentes brasileiros. Começou a vigorar em 13 de julho de 1990 e é considerado um dos mais importantes avanços para a cidadania do nosso país.

Isto quer dizer que o ECA estabeleceu leis que defendem a criança e o adolescente brasileiro como seres humanos e como cidadãos. O que todos devem fazer é lutar para que o estatuto seja respeitado.

Tá por fora, caiu de moda, antiquado, obsoleto, brega, são algumas palavras e expressões usadas na linguagem do consumo.

Você já percebeu que é comum alguém comprar um produto pela manhã e à noite descobrir que saiu um outro mais moderno do que o que foi comprado?

É tudo rápido demais, não é?
Dá para acompanhar?

Com qual destes consumidores você se identifica?

Compulsivo – compra somente pelo fato de comprar.

Exibido – compra para mostrar para os outros o que comprou.

Sofredor – sofre porque gostaria de comprar mais do que pode.

Indeciso – fica horas olhando o produto, deixa a loja de pernas para o ar, o vendedor louco, e raramente acaba comprando alguma coisa.

Guloso – não resiste quando a compra é para encher a barriga.

Duro – não tem dinheiro para comprar nada.

Alienado – segue todas as novas ideias e modismos, e acaba se tornando escravo do consumo.

Grife – só compra porque a marca é muito conhecida.

Internauta – vive ligado na Internet para ver o que está à venda.

É anúncio de produtos na rua, na TV, nos jornais, nas revistas, na internet, no cinema... É de deixar qualquer um louco... para comprar! Não é fácil se tornar um consumidor consciente, que não se deixa influenciar com facilidade, que compra o que realmente necessita, que pesquisa os preços e a qualidade dos produtos, enfim, que reflete sobre o assunto.

Consumir com critério também é um ato de cidadania.

É incrível pensar na nossa cultura!

Índios, portugueses, africanos, imigrantes dos mais variados países se mesclando ao longo da história, dividindo e trocando tradições, reinventando o que já existia, o que cada um sabia... criando o novo.

É incrível pensar no quanto é ampla e diversificada a cultura do nosso país. Uma pluralidade cultural que necessita ser resgatada e principalmente respeitada, pois ela é o espelho do povo brasileiro.

Você já percebeu quantas diferentes origens raciais encontramos nas mais variadas manifestações culturais do nosso país? Como por exemplo:

- culinária: **PIZZA**
- literatura: **MACHADO DE ASSIS**
- arquitetura: **IGREJAS COLONIAIS**
- dança: **FREVO**
- música: **SAMBA**
- religião: **CATOLICISMO**
- artesanato: **CESTOS DE BURITI**
- festas religiosas: **CÍRIO DE NAZARÉ**
- festas populares: **CARNAVAL**
- artes: **ALEIJADINHO**
- vocabulário: **ALGODÃO**
- folclore: **CAIPORA**
- usos e costumes: **BENZIMENTOS**

Os hormônios trabalham dentro do corpo. Por fora aparecem os primeiros pelos, aqueles centímetros a mais na altura, a voz engrossa... a primeira menstruação, os seios começam a crescer e outras mudanças vão acontecendo. Quanta coisa nova! E, de repente, você descobre que deixou de ser criança.

Seu corpo está mudando e você ...

... se sente um tanto desajeitado?

... vive se olhando no espelho para conferir as novidades?

... se exibe o tempo todo?

... detesta que os outros façam comentários sobre seu corpo?

... acha o máximo o que está acontecendo?

... sente muito sono?

... o tempo todo fica se comparando com os outros?

E no meio de tanta reviravolta, a cabeça e o coração, como é que ficam?

Aparece aquele amontoado de ideias novas, os estados de humor sobem e descem, os sentimentos e as emoções brincam de pingue-pongue, as paixões viram você de ponta-cabeça... E, de repente, você se pergunta: por que será que tudo isso está acontecendo comigo?

cigarro

É campanha aqui, campanha ali, campanha lá...

O planeta inteiro descobriu que o cigarro faz muito mal para a saúde e se colocou: "CONTRA!"

Até que enfim!

Até que enfim todos os dias muita gente joga a última bituca fora e decide abandonar esse mau costume tão prejudicial e tão inútil.

Fumar é ...

... não preservar a saúde.

... desrespeitar as outras pessoas.

... poluir o ambiente.

... maltratar a energia natural do próprio corpo que fica igual ao motor de um carro desregulado, soltando fumaça preta e não engatando a primeira.

... destratar a nossa ecologia pessoal.

FUJA DESTE ITEM!

E, para não fugir do assunto, que tal entrar no bate-papo da página ao lado?

Bate-papo

Camilo – Acho importante conversar sobre drogas. No lugar onde eu moro não faltam traficantes, e só não entra na deles quem não quer. Tenho quinze anos e, desde que tinha doze, eles sempre me oferecem...

Luísa – Nem imagino onde os traficantes estão, mas sei que tem muita droga por aí e que pode aparecer na minha frente... na minha turma, numa festa, numa viagem...

Camilo – Para não entrar, a gente tem que ter muita opinião... sair do pedaço na hora certa.

Ana – Às vezes dá medo de ser influenciada... Tem gente que começa a usar por curiosidade, ou então porque quer aparecer e, quando se dá conta, já está viciada.

Samuel – Sempre ouvi dizer que raramente a pessoa começa a usar drogas sozinha, na maioria das vezes é a turma que estimula...

Você não acha uma boa ideia continuar esse bate-papo na sua casa, na escola, com seus amigos?

Preste atenção:

Não é só a cabeça, o seu lado racional, que precisa compreender o problema das drogas. A emoção e os sentimentos devem entrar com tudo e assimilar que o "barato" das drogas pode sair muito, muito caro.

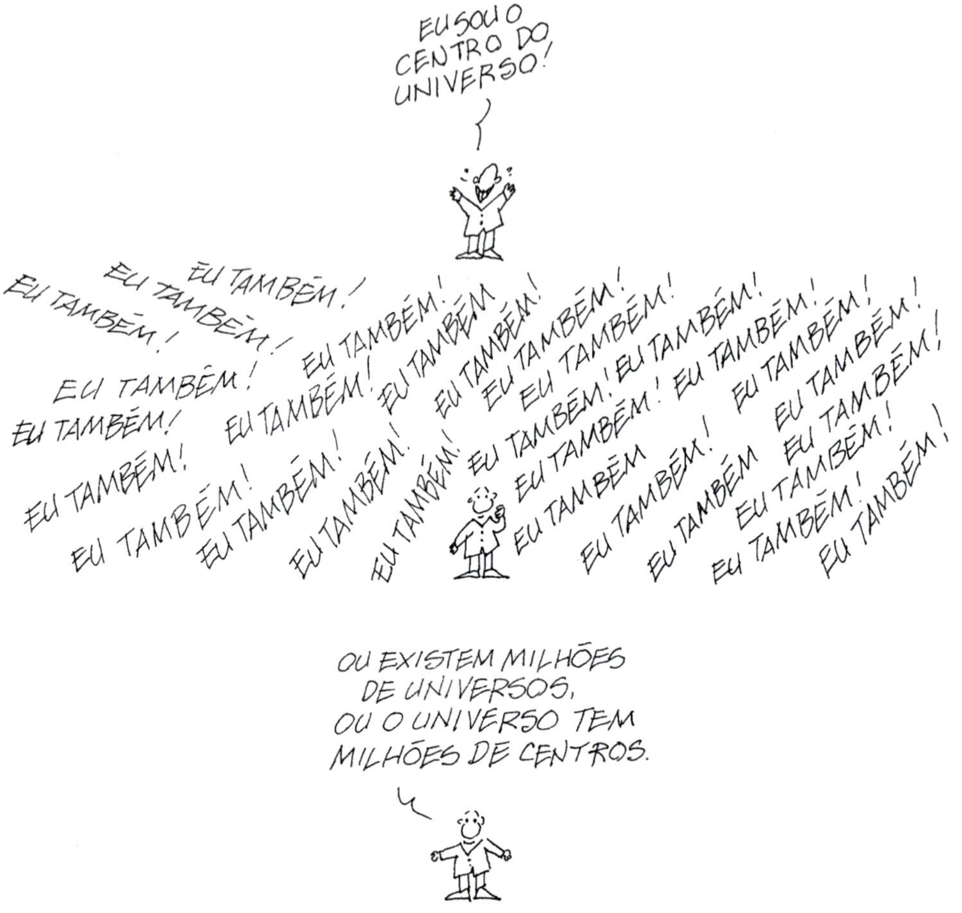

Qual seria o desafio da convivência, se todos fossem idênticos, pensassem da mesma maneira, agissem da mesma forma?

Como você lida com o fato ...

... de viver numa sociedade feita de gente das mais variadas origens e etnias?

... de conhecer pessoas que discriminam os deficientes físicos ou mentais?

... de cada povo ter seus próprios valores culturais, morais, seus costumes e hábitos, suas tradições?

... de o pai do seu colega ganhar um salário maior do que o do seu pai?

... de alguém ser de uma crença religiosa ou política diferente da sua?

... de cada um ter sua própria beleza, seu próprio modo de ser?

... de existirem os que têm acesso à educação e os que são analfabetos?

Se de um lado a **diversidade** gera conflitos e desentendimentos, por outro ela é a essência da vida e da nossa cultura. E é a compreensão dessa **diversidade** que leva ao entendimento, à troca de experiências, ao crescimento e, principalmente, a novas ideias.

discriminação

Você já se pegou alguma vez julgando uma pessoa pela sua nacionalidade, cor, sexo, aparência física, opção sexual, crença religiosa... e não pelo que ela realmente é?

Se você procurar ...

... nos vários períodos da história, nas publicações e nos noticiários em geral, encontrará inúmeros exemplos de violência e tragédias provocadas pela intolerância e pela discriminação.

Nada melhor ...

... do que refletir sobre a ignorância que gera esses acontecimentos, como também prestar atenção em pequenos atos e em certas palavras discriminatórias que banalmente são usadas por muitas pessoas.

Laerte, 16 anos, fala o que pensa sobre **discriminação**:

"Acho que discriminar é um absurdo. Na minha turma tem pessoas de todo tipo, e se alguém vem com papo torto a gente chama a atenção da pessoa na hora... Mas, no geral, a **discriminação** é grande, e como é!"

Considerando o direito de igualdade de todos os seres humanos, considerando a necessidade de relações amistosas entre as nações, considerando o fundamento da liberdade, da justiça e da paz no mundo, em 10 de dezembro de 1948 a Assembleia Geral das Nações Unidas aprovou os 30 artigos que formam a Declaração Universal dos Direitos Humanos.

Refletindo sobre alguns direitos humanos

d

Todos os homens nascem livres e iguais em dignidade e direitos.

Todo homem tem direito à vida, à liberdade e à segurança pessoal.

Todo homem tem direito à alimentação, vestuário, habitação e cuidados médicos.

Todo homem tem o direito de ser reconhecido como pessoa perante a lei.

Todo homem tem direito ao trabalho e à livre escolha de emprego.

Todo homem tem direito à instrução.

Todo homem tem direito à liberdade de pensamento e de expressão.

Todo homem tem direito a uma ordem social em que seus direitos e liberdades possam ser plenamente realizados.

Com o objetivo de criar melhores condições de vida e proteção para as crianças do mundo, no ano de 1959 a Assembleia Geral das Nações Unidas aprovou dez tópicos: Os Direitos das Crianças.

O primeiro tópico dos Direitos das Crianças: direito à igualdade, sem distinção de raça, religião ou nacionalidade.

escola

ética

esportes

família

futuro

O que é sua escola para você?

Um lugar...

... onde você adquire cultura e conhecimento;

... onde o que mais vale é passar de ano;

... cheio de regras e ao qual você vai por obrigação.

"Eu gosto da escola em que estudo agora. Deixam a gente bem à vontade, os alunos podem dar opiniões e participar, alguns professores são mais compreensivos e outros, mais, mais, nem sei... E é na escola que eu encontro meus amigos." *(Isa – 14 anos)*

O que você gostaria que a escola estimulasse?

- Sua vocação, habilidades e talentos.
- Diálogos, troca de ideias e interesses.
- A amizade e a convivência.

O que você espera da escola?

- Chegar à universidade.
- Tornar-se um bom cidadão para poder ajudar a melhorar o país.
- Arranjar um bom emprego.

O que você mudaria na sua escola?

- O jeito de os professores darem aula.
- Eliminaria as matérias obrigatórias e a avaliação por notas.
- Procuraria melhorar a relação e o convívio entre as pessoas.

"A situação na minha casa estava muito difícil e na quarta série tive que parar de estudar e fui trabalhar numa padaria. Sei ler e escrever, mas gostaria de poder voltar e aprender mais para ter um emprego melhor..."

(José Henrique – 15 anos)

Ética é uma filosofia de vida. Uma ideia que a partir de Aristóteles (filósofo grego, 384-322 a.C.) vem através dos séculos estabelecendo valores morais e regras de comportamento para o ser humano.

Ser ético é saber discernir entre o que é bom e ruim para nós mesmos e para os outros. É ter consciência da sociedade em que vivemos, é ser e agir dentro dela da melhor maneira possível.

Você conhece gente ...

... que fala e promete uma coisa e faz outra?

... que respeita as pessoas pelo que elas são e não pelo que elas possuem?

... que quer levar vantagem em tudo?

... que se preocupa e se esforça em ser um bom cidadão?

... que vota em um candidato mesmo sabendo que ele é corrupto?

... que pratica as virtudes?

E já que estamos falando em **ética**, será que não é o caso de aproveitar o momento para olhar ao seu redor, analisar e refletir sobre as mais variadas maneiras de o ser humano se comportar no mundo atual?

esportes

Praticar esportes não quer dizer ser o melhor, ficar famoso, virar um ídolo, ganhar milhões...

Esporte é uma atividade física que faz bem, independentemente da competitividade ou da ambição. Praticar esportes é sempre bom para o corpo e para a alma. E com espírito esportivo, melhor ainda.

Entre neste time!

Praticando esporte eu:

Que tal iniciar uma campanha junto com os amigos para que na sua cidade, no seu bairro, na sua escola sejam criados espaços esportivos onde os jovens possam escolher e praticar o esporte de que mais gostam?

Há quem vive com toda a família: pai, mãe, irmãos, tios, avós; existem pais separados cujos filhos moram só com a mãe ou só com o pai; há órfãos que vivem com parentes ou em instituições; há filhos adotivos, há famílias numerosas e famílias pequenas... Enfim, família são as pessoas ao nosso lado, que nos orientam, que torcem por nós... e com quem podemos contar.

E a sua família, como é?

Bronquinhas e protestos em família

— Para de ficar horas pendurada nesse telefone! Dá uma chance para os outros!

— Dá para diminuir o som?

— Na sua idade eu era estudioso, disciplinado, bem-educado e nunca levantava a voz com o meu pai...

— Você ainda não tem idade para isso!

— Desta vez você passou dos limites!

— Chega de invadir todos os espaços com suas coisas! A casa não é só sua!

— Para de bisbilhotar minhas coisas!

— Toda hora estão mandando eu fazer alguma coisa. Não tenho um minuto de sossego!

— Ele nunca escuta o que eu falo, está sempre lendo o jornal.

— Toda vez que eu quero sair vocês fazem mil perguntas... não vejo a hora de ser independente!

— Você quis o gato e agora quer que eu cuide dele!

— Mãe, você vive prometendo... mas cumprir que é bom...

— Eu juro que sei que as notas são ruins... mas não quero ouvir tudo de novo!

Como você se relaciona com sua família?
Como sua família se relaciona com você?

Nada melhor do que se sentir feliz e seguro no presente, com a vida que você está vivendo agora. Ou até desejar que aconteçam mudanças e se esforçar para isso.

Mas também é legal imaginar como será o futuro, ter mil ideias, projetos e expectativas. O que será que vai acontecer? Como será que eu vou ser? O que eu vou fazer?

Em relação ao seu futuro, o que você espera?

f

- Ser clonado.
- Viver com tranquilidade.
- Melhorar de vida.
- Viajar para outras galáxias.
- Se formar e arranjar um bom emprego.
- Ir morar em outro país.
- Ter popularidade.
- Casar-se e ter muitos filhos.
- Ser um bom cidadão.
- Ganhar muito dinheiro.
- Ter ideias geniais.
- Seguir a carreira política.
- Construir um hotel na Lua.
- Usufruir a boa vida.
- Viver e pronto.
- Ajudar a construir um mundo pacífico.
- Ser uma pessoa do bem.
- Nada disso.

O que você espera então?

globalização

harmonia

globalização

A globalização de certa forma sempre esteve presente na história do mundo... a busca de novos reinos, as navegações, a colonização, a troca de experiências entre os povos...

Nos dias de hoje, a globalização se dá através das conquistas tecnológicas... Envolve a economia, o comércio, a informação... os grandes bancos internacionais e as multinacionais... Envolve a velocidade das notícias...

É que tudo o que acontece em uma dessas áreas acaba refletindo no mundo inteiro, englobando as nações.

**Você ouve com frequência a palavra globalização?
O que ela quer dizer para você?**

"Acho que globalização é tudo ligado com tudo. Todo mundo pode se comunicar com todo mundo, qualquer coisa que acontece o mundo inteiro fica sabendo... Minha impressão é de que existe uma máquina enorme que controla tudo, igual na ficção científica."
(Davi – 13 anos)

"Pra mim é o avanço da tecnologia. Os computadores fazem milhões de coisas a mais do que as pessoas e criam todos os contatos."
(Ana Paula – 14 anos)

"Está todo mundo falando em globalização. Para mim é a internet, a TV a cabo, são os carros estrangeiros fabricados no Brasil, e daqui a algum tempo vai todo mundo estar falando a mesma língua. Vou achar o máximo!"
(Luís – 16 anos)

Tem quem acha a **globalização** um grande sinal de progresso e tem também quem acha que ela só favorece os países ricos, mais avançados tecnologicamente, os quais se beneficiam disso para continuar ditando as regras e explorando a mão de obra barata dos países mais pobres.

harmonia

Harmonia é equilíbrio, você sabe, é claro. E isso vale para o universo, para a natureza, para a gente mesmo, para os sentimentos, para a convivência. O que mais define a ideia de harmonia são os instrumentos perfeitamente afinados de uma orquestra, que geram os vários tipos de sons de uma música.

Se você fosse ...

... um instrumento musical, que instrumento você seria?

h

... um sentimento, que sentimento você seria?

... uma música, de que gênero musical você seria?

... um elemento da natureza, qual você seria?

Não há quem não queira estar em **harmonia**. E é frequente as pessoas procurarem **harmonia** por meio das terapias alternativas, dos livros de autoajuda, das religiões... Existe também quem muda de hábitos alimentares, de profissão e até mesmo de endereço...

ídolos

informação

internet

jovem

ídolos

Ídolo é alguém de quem a gente gosta muito: pela aparência, pela maneira de se comportar, pelo que ele faz ou até por tudo isso junto.

Cada um elege os seus ídolos. Pode ser alguém da família, um amigo, pessoas que se projetam no meio artístico e cultural... Seja lá quem for, a escolha é sempre individual.

E os seus ídolos, quais são?

Você e os ídolos

- Até que ponto você se deixa influenciar pelas atitudes e opiniões dos seus ídolos?
- Escolha três dos seus ídolos e reflita sobre algumas características que você mais admira neles e quais delas você gostaria de ter.
- Você escolhe um ídolo porque ele está na moda, apareceu em muitos programas da TV, nas revistas, nas propagandas, ou porque você aprecia o que ele faz?
- Do seu ponto de vista, um ídolo deve dar bons exemplos para seus fãs?

i

"Meus **ídolos** são os jogadores do meu time de futebol. Se eu pudesse, ficaria o tempo todo assistindo jogo.
E mesmo quando meu time perde eu não fico bravo... não muito."
(Marcel – 13 anos)

Você se preocupa em ser uma pessoa bem informada?

Sem dúvida é necessário estar bem informado, saber o que está acontecendo no seu país, no mundo, ter noção das diversas realidades sociais e culturais. Mas também é necessário fazer escolhas, analisar as informações que nos são passadas, adquirir espírito crítico, formar a própria opinião a respeito das coisas, e não ficar simplesmente repetindo o que se leu ou ouviu.

Alguns tipos que gostam de informações

Arquivo morto
Sabe de cor e salteado o nome de todos os personagens das últimas telenovelas, decora até as vírgulas de um texto para não errar na prova, adora fazer um X nos testes de múltipla escolha.

Almanaque ambulante
Sabe o tempo de gestação de um esquilo e o número de calorias que um abacate contém, sabe o resultado de todos os jogos da copa mundial de polo aquático de 2000, sabe o nome de todos os filmes que já concorreram ao Oscar.

Conversa fiada
Assiste aqui, ouve ali, lê lá, não chega a nenhuma conclusão, se influencia pelos meios de comunicação, emite opiniões sem ter nenhuma certeza.

Superlotado
Se preocupa em guardar todas as informações que recebe e, se conseguisse, passaria a internet inteira para a própria memória.

Com a globalização e a rapidez dos meios de comunicação, principalmente a internet, pode acontecer de pessoas ficarem estressadas em consequência do excesso de informações que recebem diariamente. É preciso selecionar os assuntos pelos quais você se interessa mais para depois se aprofundar neles.

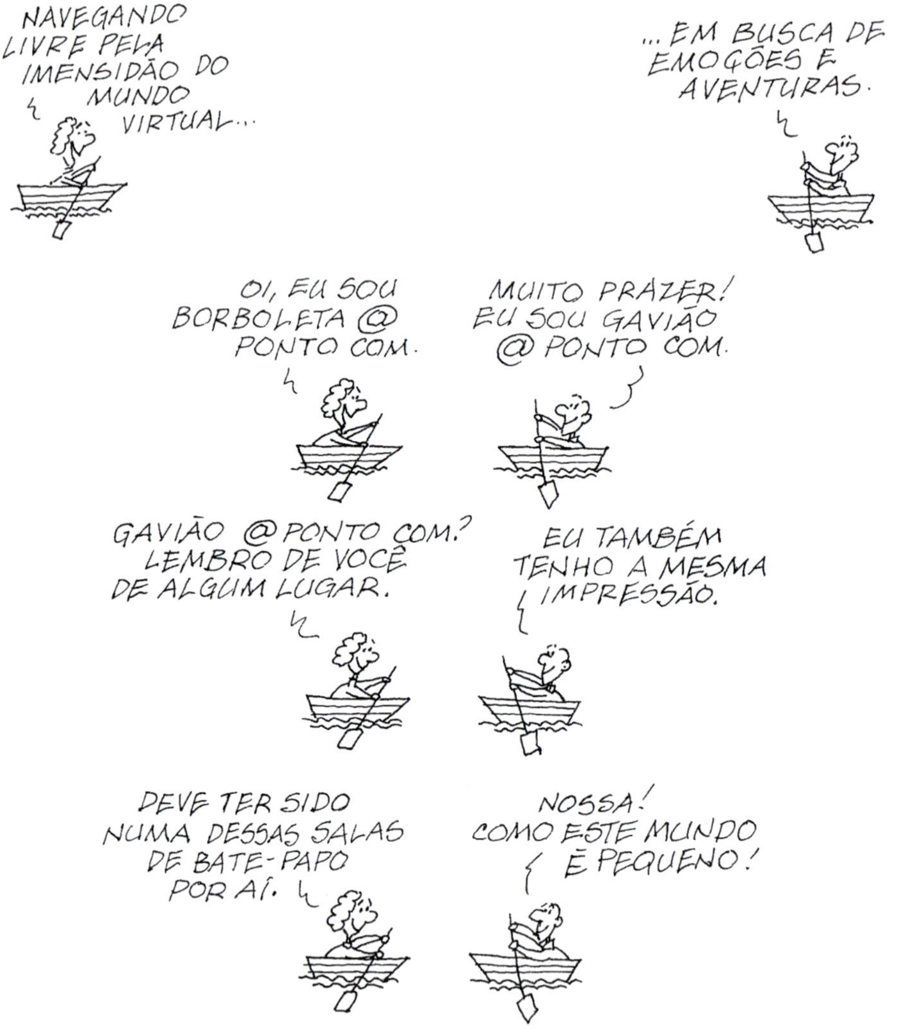

Cícero, 16 anos, e a internet:

"Se pudesse, eu passaria dia e noite navegando. Só saio da rede quando alguém em casa quer usar o telefone. Meus pais reclamam... vivem dizendo que meu caso já virou doença... O que sei é que não vejo a hora de as aulas serem on-line."

O que é a internet?

É o nome da rede que liga todos os computadores do mundo.

Como surgiu a internet?

Começou a existir no final da década de 1960, quando o Departamento de Defesa dos Estados Unidos chegara à conclusão de que tinha se tornado dependente da sua rede de computadores.

Isto é, o sistema inteiro era centralizado, dessa forma informações e documentos poderiam ser facilmente sabotados e destruídos pelos inimigos, principalmente soviéticos.

Então encontraram uma maneira de as partes se comunicarem entre si, independentemente do sistema todo, bastava usar um determinado código comum...

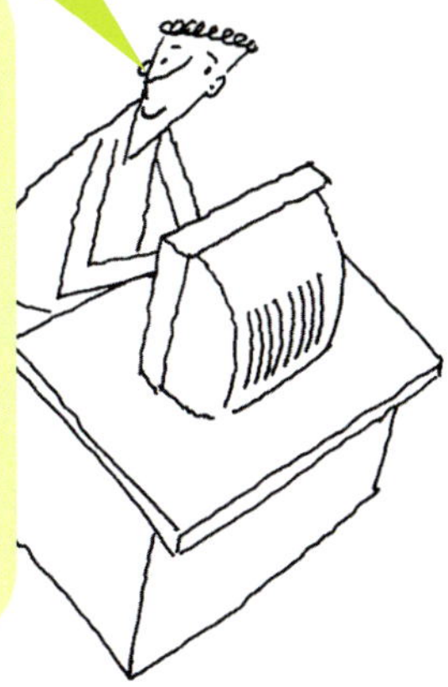

Assim surgiu a internet, aberta para todos os tipos de computadores.

E na década de 1980, com o aumento dos computadores domésticos, a internet passou a ser usada não somente para informações e documentos técnicos e científicos, mas também para contatos variados, serviços, compras...

Cátia, 14 anos, e a internet:

"Não tenho computador em casa mas uso a **internet** na escola. Gosto de bater papo, dar risada, ver as pessoas de perto, não sou nada virtual. Ficar digitando e mexendo no *mouse* não faz meu estilo."

Tem o jovem cheio de certezas e o confuso, o que acha que sabe tudo, o que acha que não sabe nada, o que quer mudar o mundo e o que não está nem aí, o bem-humorado e o mal-humorado, o pacífico e o agressivo, o controlado e o impulsivo, o que tem dinheiro para gastar e o que não tem, o considerado bonito e o considerado feio, o ligado e o desligado...

Ser jovem é ser jovem... é sempre tempo de mudanças e conquistas! Vale a pena investir?

Jovem ...

... em quais destas propostas você se encaixa mais?

1. Cuidar da aparência, divertir-se muito, viver intensamente.
2. Relacionar-se bem com a família e com os amigos.
3. Ter mais participação social.
4. Ir morar sozinho para ser dono do próprio nariz.
5. Estudar bastante e saber escolher uma profissão.
6. Ter caráter e opiniões pessoais.
7. Não se meter com drogas nem em situações que geram violência.

Todo **jovem** tem seus desejos muito íntimos, desejos que ele não conta para ninguém...

De vez em quando... experimente entrar um pouquinho na sua própria intimidade e tente se relacionar com seus desejos mais secretos.

O que será que você vai encontrar? Quais serão esses desejos?

Psiuuuuuuu....

liberdade

limites

lazer

leitura

mundo

medo

meio ambiente

música

liberdade

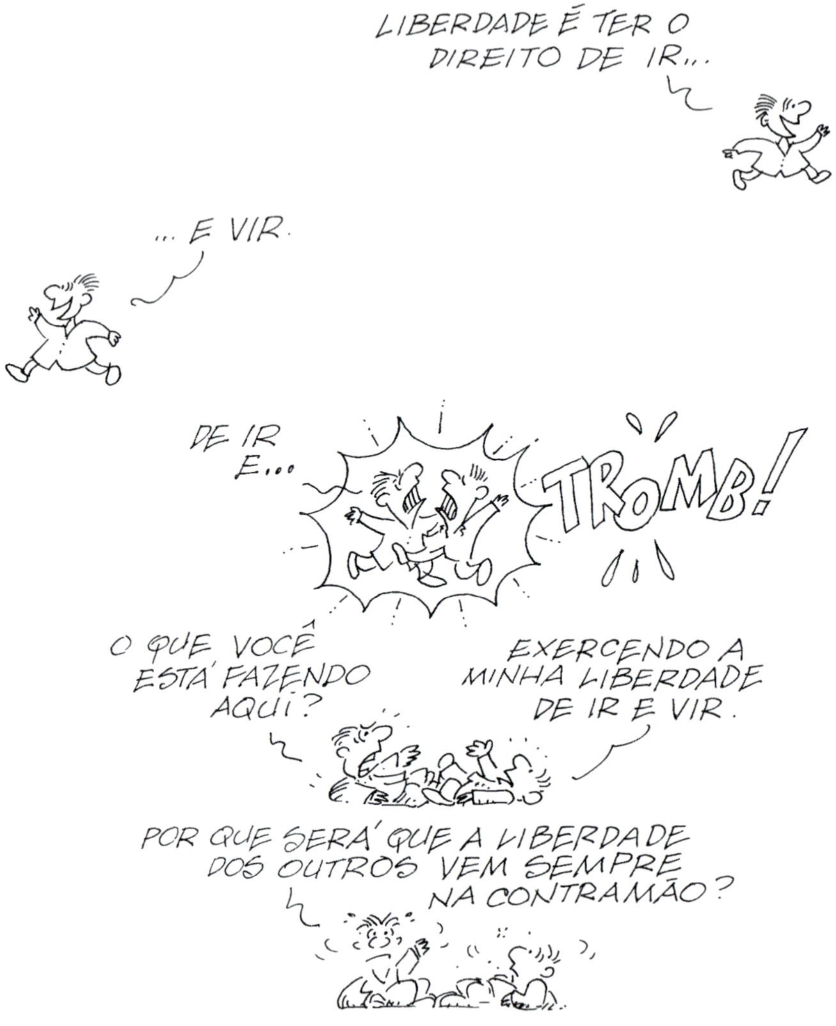

Liberdade é uma grande palavra. Um “palavrão” mesmo!

É sem dúvida uma das palavras mais faladas.

Quem não deseja ser livre, numa família livre, numa sociedade livre, num país livre, num mundo livre? Será que isso é possível?

Mas o que é ser livre?

Para você, quais destas ideias têm a ver com a liberdade? Ou com a falta de liberdade?

A tolerância | O respeito pelo outro | A aceitação dos limites

Os preconceitos | A convivência pacífica | A violência

Os direitos humanos | A fraternidade | A opressão | A paz

O voto consciente | A mentira | A honestidade | A guerra

A discriminação | A falta de diálogo | O autoritarismo | A justiça

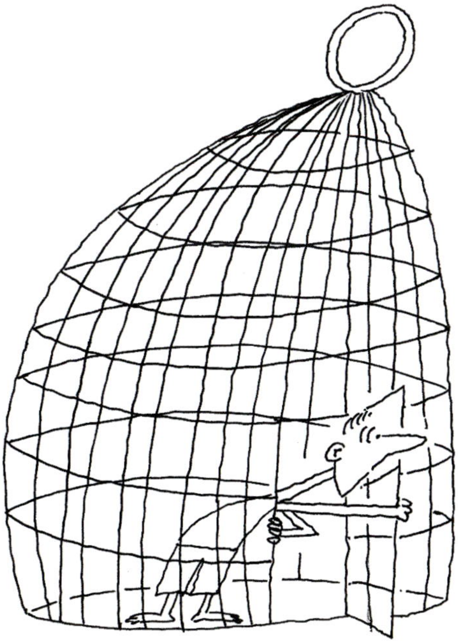

Acontece todo dia de garotos e garotas que entraram na adolescência soltarem em altos brados seu grito de independência e **liberdade**.

É lógico que é um direito que todos têm.

Mas será que todos conseguem perceber onde termina a liberdade deles e começa a do outro?

VOCÊ PASSOU DOS LIMITES!

Com que constância você tem ouvido essa frase?

Não há dúvida de que você tem o direito de usufruir seu espaço, de se expor, de ser você... No entanto, na hora dos seus relacionamentos, como será que se sentem os outros? De vez em quando tente se colocar no lugar deles e refletir sobre os limites necessários para se conviver em sociedade.

Você...

... acha que pode fazer o que bem entende, afinal não é mais criança?

... faz o professor perder a paciência e ficar de cabelos em pé?

... tem o hábito de: fazer pouco caso dos outros; ficar agressivo quando nervoso; falar palavrões por qualquer motivo; estourar quando as coisas não acontecem do jeito que você quer?

... tem seus limites e quer ser respeitado. Mas você sabe respeitar os limites dos outros?

... não aceita quando seus pais dizem: "Não!" "Agora não dá!" "Pare de insistir!"?

... vive dizendo: Não tolero que chamem minha atenção! Não tolero ser contrariado! Ninguém manda em mim!?

l

Às vezes as pessoas fazem até um favor quando estabelecem **limites** para certas atitudes das outras. Você já pensou nisso?

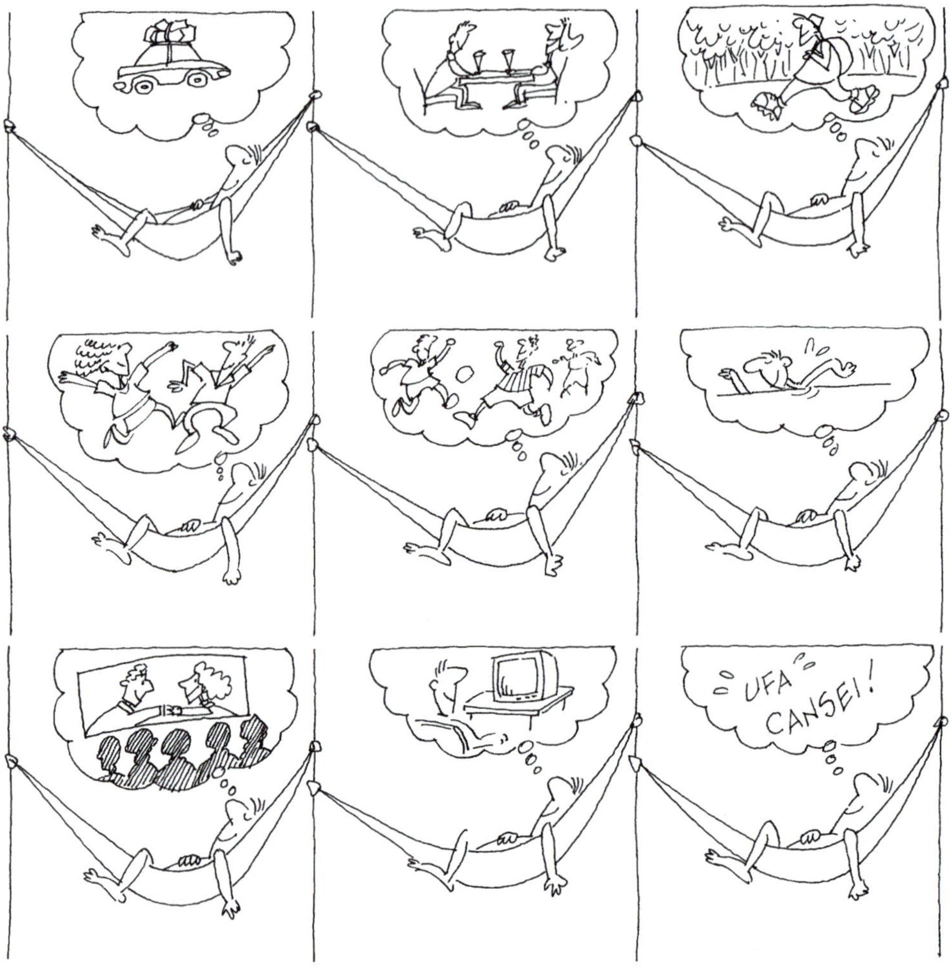

Como é a sua rotina?

Escola e estudo ou é escola, estudo e trabalho?

Horários, obrigações, correria, cansaço...

Todo dia é a mesma rotina! Que tédio, hein?

Chega o dia de folga e nada mais justo do que curtir o ócio, aquela horinha de vagabundear, espairecer, relaxar... ou de bater papo com os amigos, passear, ir ao cinema...

Dá para viver sem lazer?

Males que o lazer espanta ...

- Faz a pessoa relaxar das ocupações do dia a dia e dos problemas em geral.

- Dilui as preocupações, a tensão, o estresse e a agressividade.

... o lazer saudável, é lógico!

- Afasta o mau humor.

- Ajuda o sisudo a sorrir, o inibido a se descontrair, o fechado a se comunicar.

Enfim, uma atividade prazerosa recarrega nossas baterias e nos mantém agradavelmente ocupados.

"Faz uns três meses que todos os sábados frequento um grupo de teatro numa associação do meu bairro. Estou gostando muito e atualmente é o meu lazer preferido."
(Caetano – 17 anos)

Quem começa a ler e descobre tudo o que a leitura proporciona, com certeza não para mais. Quem adquire esse hábito encontra com mais facilidade soluções e respostas para suas questões pessoais, desenvolve o espírito crítico em relação ao comportamento das pessoas, ao lugar em que vive e aos acontecimentos do mundo...

Você lê?

Três opiniões sobre leitura

Julita, 15 anos, tem o hábito de ler:

"Desde pequena eu sempre gostei de ler e nem preciso pensar no assunto, é normal como uma série de outras coisas que faço. Leio livros, jornais, revistas, leio tudo o que aparece para eu ler... já é um costume que faz parte da minha vida."

Renan, 13 anos, não tem o hábito de ler:

"Nem sei explicar por que não gosto de ler, livros principalmente... Um livro na minha frente fica dias e dias fechado e toda vez baixa aquela preguiça de abrir e começar a leitura... Como me interessar? Não sei, não sei mesmo..."

Priscila, 15 anos, está querendo adquirir o hábito de ler:

"Até um tempo atrás eu não gostava de ler. Achava uma chatice! Aí, de tanto o meu pai e os professores falarem, comecei a me esforçar para ler. Estou até achando um pouco legal."

l

Você lê jornais, revistas, mexe com computador? Você sabe o significado destas siglas?

FMI ONU TRE
MST CPI HTTP
CBF DNA BR
GLS WWW AA
IML OMS INSS
NE HTML OTAN
IPC EUA RS
ONG SOS PM

Em que mundo eu vivo?
Como eu me vejo nele?
De vez em quando estas duas perguntas surgem na vida de quem quer que seja...
Você acha fácil encontrar a resposta, ou não?

Soltando a imaginação

Se você fosse dono do mundo,
qual a primeira coisa que faria?

Se você pudesse mudar o mundo,
o que mudaria?

Se você tivesse que conhecer o mundo,
qual o primeiro lugar que conheceria?

Se você inventasse um outro mundo,
como ele seria?

"Tudo o que eu sei do **mundo** é pela TV, pelo que leio, pelo que aprendo na escola... Moro em Sergipe, numa cidade pequena do interior, e nem a capital do meu estado eu conheço... Meu **mundo** então, por enquanto, é a vida nesse lugar... É claro que gostaria de viajar e conhecer outros lugares. Quem é que não gostaria?"
(Rebeca – 18 anos)

Nem oito, nem oitenta...

Medo de algumas coisas todo mundo tem...

É a autopreservação de cada um, que muitas vezes antecipa situações, nos coloca de sobreaviso, nos ajuda a encontrar saídas.

Agora, deixar o medo tomar conta da gente, virar pânico, viver se sentindo ameaçado... é terrível, um verdadeiro beco sem saída.

O que fazer?

"A escola em que leciono fica em um bairro onde a violência é cotidiana: guerra de traficantes, balas perdidas, assaltos...

Procuro abrandar os temores dos meus alunos com propostas lúdicas, estimulantes, próximas ao universo pessoal deles, de maneira que a sala de aula represente um espaço diferenciado, no qual se sintam à vontade, parceiros nas certezas e nas dúvidas.

Acho que não adianta se intimidar demais com o que é feio, é necessário incentivar a busca do que é bonito."

(Professor Pedro Lima)

"O adolescente tem duas vivências muito fortes, que é a vivência do medo e a da onipotência.

O que vem a ser a vivência do medo? O medo das novas sensações decorrentes das mudanças hormonais; de ser criticado em seus pontos fracos; do juízo que o grupo irá fazer dele...

A onipotência, que está muito ligada ainda a um certo sonho de realização, é uma forma idealizada de obter sucesso na vida. E não deixa de ser uma mola propulsora para o jovem vencer os obstáculos.

O importante é ajudar o adolescente a perceber que, por maior que seja o medo, ele tem sempre uma saída, e que por trás da onipotência há sempre traços de fragilidade."

(Psicóloga Áurea Roitman)

m

Opinião de Alessandra, 13 anos, sobre a preservação do meio ambiente:

"É lógico que eu sei que o meio ambiente precisa ser preservado. Desde que me conheço por gente que ouço falar disso. Do meu lado faço o que posso, agora não sei se cada um está fazendo a sua parte. Porque só vai funcionar se todos participarem, né?"

Pequenas atitudes que ajudam a preservar o meio ambiente

- Separar o lixo para ser reciclado.
- Manter o automóvel em bom estado para não soltar fumaça preta (monóxido de carbono).
- Estar atento para não comprar produtos de fabricantes que destroem e poluem o meio ambiente. Dar preferência aos produtos feitos com material reciclado.
- Participar de campanhas, associações de bairro que preservam a limpeza das ruas, a conservação das praças, das áreas verdes.
- Economizar água e energia elétrica.
- Ajudar a preservar todos os espaços da sua escola.
- Dizer não à pichação.

Ajudar a cuidar do espaço em que vivemos é uma maneira de estar presente, de pertencer à comunidade e vivenciar o que é fazer parte dela, de criar raízes que irão frutificar mais tarde e trazer benefícios a todos. Mãos à obra!

música

De que ritmo musical você mais gosta?
Quais são suas bandas, cantoras e cantores preferidos?
O que você sente quando escuta as músicas de que gosta?

Música é vida!

Meu ritmo é todo musical.

Se não fosse a música, o que seria de mim?

Eu relaxo quando curto um som.

Minha turma adora dançar.

Não resisto a um trio elétrico.

Me dou melhor com quem gosta do som que eu gosto.

Na escola montamos um grupo de axé.

Tenho gosto bem variado, bandas de rock, MPB, pagode...

Estudo bateria três horas por dia.

Quando vêm as bandas de fora, eu não perco um show, se for legal, é claro!

É isso aí, mano. Me ligo no hip-hop.

Leio tudo sobre meus ídolos.

namoro

O

otimismo

ONGs

namoro

Meu coração disparou! **Morro de ciúmes!**

Levei um fora! **Meu problema é a timidez!**

São comuns estas frases na paquera e no namoro.

E é nessa convivência a dois que você passa a conhecer sentimentos e emoções que estavam escondidos, descobre algumas expectativas e desejos, desenvolve a própria afetividade.

Vale a pena?

- Para você, é fácil aceitar um NÃO?
- Como você é em relação às garotas e o que acha que elas pensam de você?
- De que jeito você se aproxima de um garoto que você quer namorar?
- A sua família costuma dar palpite nos seus namoros?
- Qual foi a reação de seus amigos quando você começou a namorar?
- O que você faria se a pessoa por quem você é apaixonada pedisse sua melhor amiga em namoro?
- Como você se sente quando uma garota paquera você?

otimismo

O otimismo deveria se instalar na vida de todo mundo.

Quem se relaciona com ele adquire mais confiança em si mesmo, se sente mais feliz. Ele nos mostra caminhos, nos dá força e coragem para mudar o que não vai bem e, sem exageros, quando necessário nos ajuda a virar o que quer que seja de ponta-cabeça.

8 boas ideias para conservar o otimismo

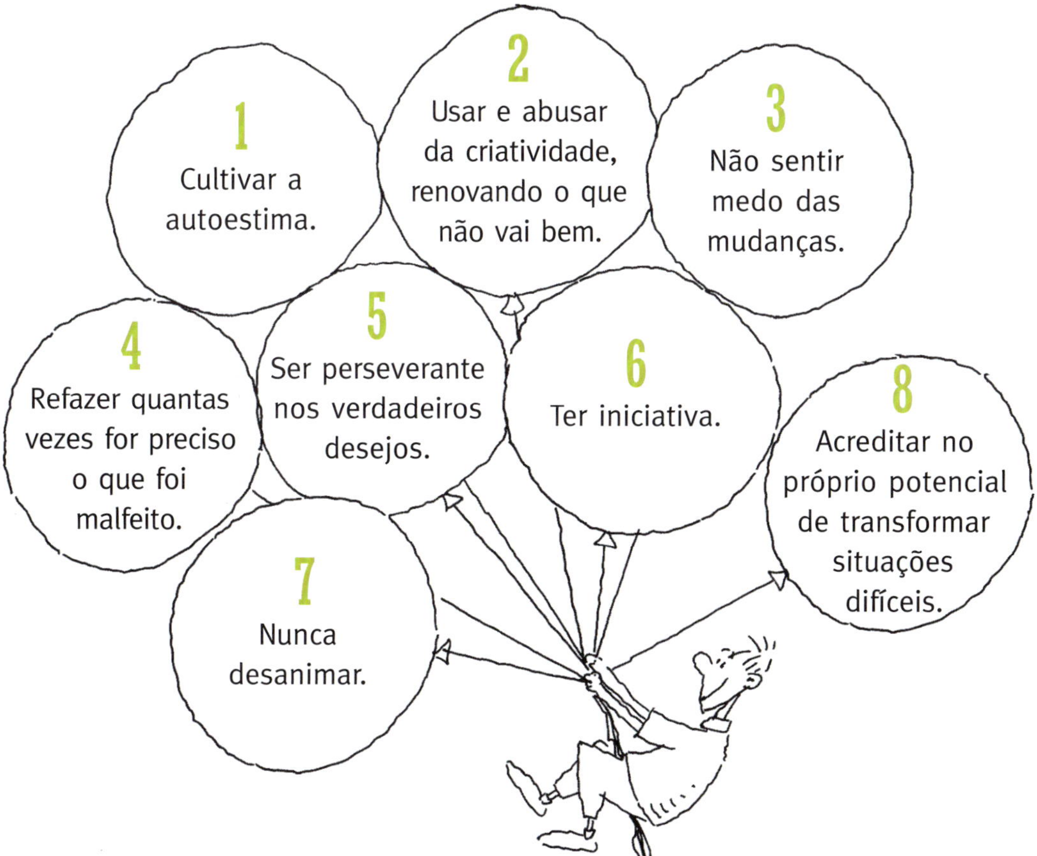

O

Alex, 14 anos, conta por que é otimista:

"Minha família é muito pobre, mas apesar disso sou otimista. Quero estudar, me formar, dar certo na vida... Se eu não pensar assim, qual é a graça?"

As ONGs são organizações não governamentais sem fins lucrativos, criadas e administradas por um grupo de pessoas interessadas em prestar serviços e assistência à comunidade.

No Brasil já existem muitas ONGs que atuam nas mais variadas áreas e que se sustentam com doações em geral, verbas de empresários e do governo.

Você acha que uma ONG deve ...

... procurar melhorar a condição de vida dos meninos de rua?

... se preocupar com a preservação do meio ambiente?

... criar escolas e oferecer educação nas comunidades mais carentes?

... aproximar-se dos jovens, dar apoio e criar motivações sadias contra a violência?

... desenvolver ações para melhorar a área de saúde pública?

... lutar pela não discriminação das pessoas?

E como tudo isso poderia ser feito?

Procure se informar sobre as **ONGs** que existem na sua cidade, sobre seus objetivos, suas atividades e realizações. Escolha a área pela qual você se interessa mais e ofereça sua cooperação.

paz

política

profissão

primeira vez

p

questões sociais

E, de repente, você deixa os problemas e as dúvidas de lado, relaxa, pensa nos bons sentimentos e descobre que é possível estar em harmonia com você mesmo e se sentir em paz.

E, de repente, um grupo reflete sobre a necessidade da paz aqui, outro luta pela não violência lá, muitos outros se influenciam, mudam velhos comportamentos e todos descobrem que é possível o mundo ser pacífico.

É preciso acreditar!

PAZ

Política não é somente a ação de políticos. É a ação de qualquer pessoa, de qualquer cidadão junto à comunidade em que vive.

Na democracia, uma das importantes ações do cidadão é a responsabilidade na hora do voto.

Então, para não ser influenciado, para não se distrair, para não errar na escolha de um político, é necessário dar uma de detetive: informar-se sobre o político escolhido, sobre sua atuação na vida pública e na vida privada, seus projetos e intenções perante a sociedade.

Os Três Poderes

	País	Estado	Município
Poder Executivo: executa as leis.	Presidente da República Vice-presidente da República Ministros	Governador Vice-governador Secretários	Prefeito Vice-prefeito Secretários
Poder Legislativo: elabora as leis.	Congresso Nacional → Deputados Federais; Senadores	Deputados Estaduais	Vereadores
Poder Judiciário: fiscaliza o cumprimento das leis.	Tribunais Superiores Ministros	Tribunais Desembargadores e Juízes	

Observe o quadro dos **três poderes** e pense em todos os nossos representantes governamentais. Procure se informar, pergunte, pesquise, troque ideias, vá a fundo na questão:

Qual é a função de cada um deles perante o país e a sociedade?

O que eu vou ser? Em que área quero trabalhar? Qual é a minha vocação? Que profissão vou escolher?

Adolescentes passam por essas dúvidas.

Tem os mais decididos. E tem os que não sabem mesmo, se perguntam, pensam, não chegam a nenhuma conclusão, se confundem e até sofrem na hora da escolha...

NÃO É FÁCIL!

Que escolha difícil!

No entanto, para ir se familiarizando com o assunto e ir adquirindo algumas certezas, não custa...

... procurar conhecer melhor a sua personalidade, sua maneira de ser e de agir, suas habilidades e talentos, os seus gostos, algumas tendências pessoais.

... conversar e trocar ideias com profissionais das áreas pelas quais você se interessa mais.

... refletir: raramente a pessoa se sente bem e dá certo quando a opção é feita só em função do mercado de trabalho e da renda financeira. Ninguém é feliz fazendo o que não gosta.

... acompanhar as transformações pelas quais algumas áreas estão passando, as novas relações no mercado de trabalho, as chamadas profissões do futuro.

... tomar cuidado para não se influenciar pelos ídolos que ganham milhões. Isso pode atrapalhar uma carreira segura e bem-sucedida.

"Estou naquela fase que ainda não decidi por nenhuma profissão. Às vezes penso em ser bióloga, outras vezes em trabalhar com turismo, e até já pensei em ser veterinária! É difícil decidir se a gente deve escolher o que gosta mesmo de fazer ou o que ajuda a arranjar trabalho com mais facilidade... De resto, acho que o ideal é se sentir bem no que a gente faz."
(Érica – 16 anos)

Emoções, sentimentos, descobertas, conquistas que nos acontecem pela primeira vez, em geral, se tornam lembranças que carregamos pelo resto da vida. Na adolescência, as primeiras vezes são muitas e nada melhor do que vivenciar cada uma delas com o espírito aberto, com boas intenções, com clareza e conhecimento do próprio espaço de liberdade.

Algumas primeiras vezes

"Eu imaginava tanto o primeiro beijo e na hora só deu tremedeira. Mesmo assim foi inesquecível."
(Lara – 14 anos)

"Acabei de descobrir que eu já tenho espermatozoides."
(Douglas – 13 anos)

"Acho que pelo resto da vida não vou esquecer minha primeira paixão. Eu só tinha 11 anos de idade."
(Sílvio – 14 anos)

"Arranjei o meu primeiro emprego, vou trabalhar como recepcionista em um escritório de advocacia. Me sinto tão adulta!
(Vânia – 17 anos)

"Ainda tem muita coisa que não aconteceu comigo. Fico ansiosa esperando."
(Clarissa – 12 anos)

"Depois de muita insistência, os meus pais deixaram eu sair de noite com um grupo de amigos."
(Caio – 14 anos)

"Foi minha mãe que comprou o meu primeiro sutiã. Eu morria de vergonha de usar, achava que todo mundo estava me olhando."
(Carolina – 16 anos)

p

Quando a primeira experiência, em qualquer sentido, não foi boa, ocorreu no momento errado, enfim, não satisfez as expectativas, pode fazer com que se tenha medo de tentar novamente. Se isso acontecer com você, não é o caso de se amedrontar. O caminho é se informar melhor sobre o assunto, pedir ajuda, esclarecer as dúvidas para adquirir segurança e recomeçar.

MISERIA

DESEMPREGO

MORTALIDADE INFANTIL

DESNUTRIÇÃO

IMPUNIDADE

FOME

VIOLÊNCIA

GRAVIDEZ NA ADOLESCÊNCIA

MENINOS DE RUA

TRABALHO INFANTIL

EXCLUSÃO

CORRUPÇÃO

ANALFABETISMO

DESIGUALDADES

PROSTITUIÇÃO INFANTIL

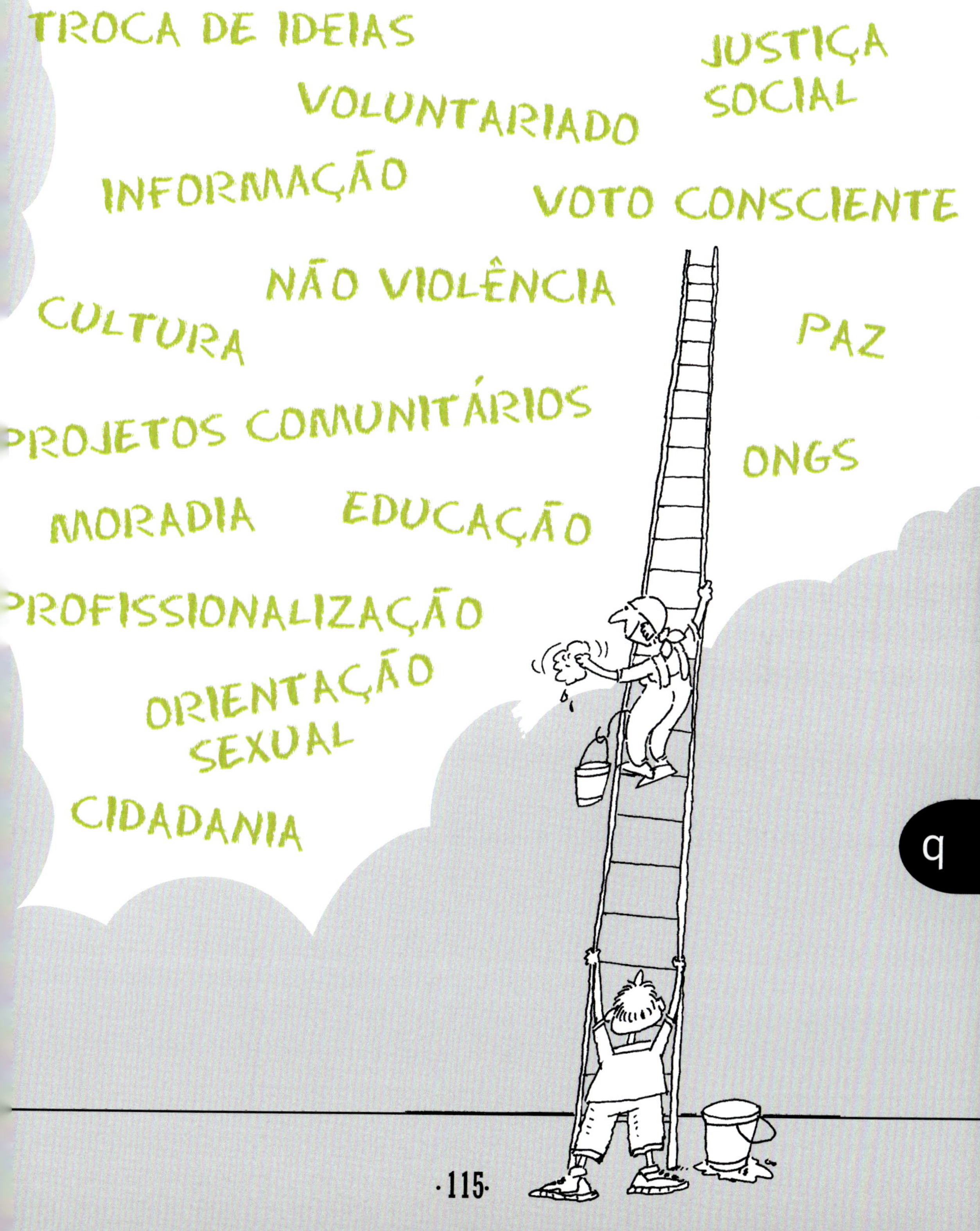
TROCA DE IDEIAS
JUSTIÇA SOCIAL
VOLUNTARIADO
INFORMAÇÃO
VOTO CONSCIENTE
NÃO VIOLÊNCIA
CULTURA
PAZ
PROJETOS COMUNITÁRIOS
ONGS
MORADIA
EDUCAÇÃO
PROFISSIONALIZAÇÃO
ORIENTAÇÃO SEXUAL
CIDADANIA

religiões

relacionamentos

r

sentimentos

sexualidade

Você tem alguma religião?
Como você a escolheu?
Você a pratica?
Como a religião ajuda você a viver melhor?
Como você se sente em relação a esse assunto?

Pense em 3

... sentimentos que devem estar presentes em todas as crenças.

... virtudes que ajudariam a mudar o que, para você, não é correto.

... desejos profundos da sua alma.

... maneiras de você dialogar com o seu deus.

O ideal seria que todas as **religiões** fossem respeitadas, possibilitando que cada um manifestasse sua fé e seus rituais com liberdade. Porém, a intolerância, a não aceitação do diferente, das diversas crenças, geram discórdia e até guerras entre os homens, mesmo nos dias de hoje, quando se discutem tanto os direitos humanos.

r

relacionamentos

Estar bem consigo mesmo, tentando entender as próprias certezas e dúvidas, é um bom começo para se relacionar.

Quem não tem medo de se mostrar exatamente como é, sem exibicionismo e competições, adquire o respeito dos outros.

São os relacionamentos que possibilitam a troca de experiências, o aprendizado, as conquistas, o amadurecimento...

Já aconteceu com você de...

... na hora de estar com a turma ter aquele chilique que atrapalha tudo?

◆

... não ser convidado para aquela festa de aniversário que você queria tanto ir?

... achar complicado entender quando seus pais se divorciaram?

◆

... pedir desculpas para o amigo que você ofendeu?

◆

... viver achando que a culpa é sempre sua?

... pensar: "Afinal, eu não me sinto tão incompreendido assim!"

◆

... sofrer quando seu melhor amigo mudou-se para outra cidade?

"Eu até que me dou bem nos relacionamentos. Não posso me queixar! Mas tem situações que eu não aguento, acho falsas! Tenho um colega, por exemplo, que só se relaciona com quem é mais bem-vestido, mais rico, que tem melhor aparência... e deixa os outros de lado. Isso me deixa furioso!"
(Rodrigo – 14 anos)

r

sentimentos

Os sentimentos vão e vêm, aparecem e desaparecem e, na maioria das vezes, nos pegam de surpresa.

"Ai, que felicidade!", "Estou morrendo de saudades.", "Estou passando por um mau pedaço...", "Que dor! Minha avó morreu."

"Tinha tanto medo! Mas tudo deu certo."

Tranquilos ou doloridos, os sentimentos nos acompanham. E é viajando neles que a gente cresce e amadurece.

Depressão Prazer Tristeza Amizade Tédio Paz Culpa

Saudade Carinho Ânimo Irritação Felicidade Vergonha

Medo Dor Otimismo Inveja Calma Preocupação

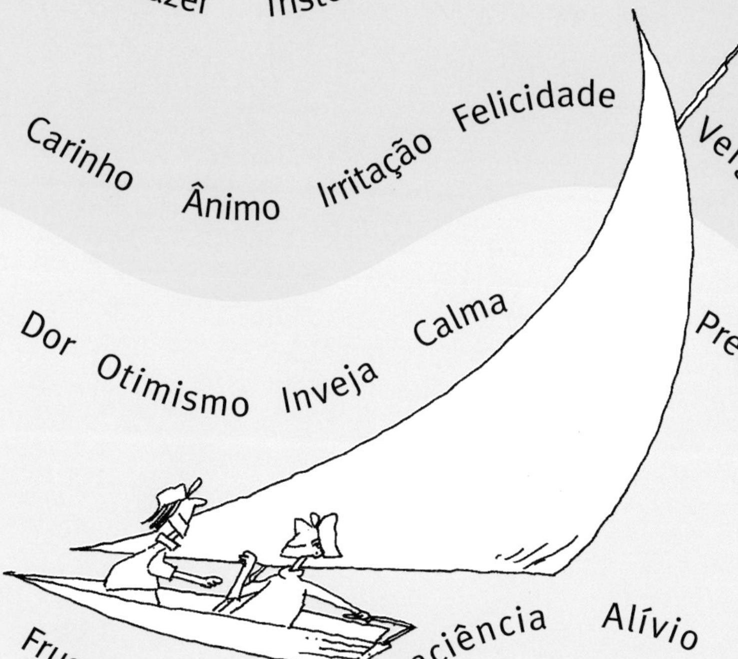

Orgulho Frustração Amor Impaciência Alívio Ciúme

Alegria Raiva Afeto Gratidão Perda Paixão Ilusão

APRENDA A NAVEGAR NO MEIO DELES

Você se acha um adolescente bem informado sobre sexo?
De onde você tem recebido mais informações?
Que tipo de perguntas você faria sobre o assunto?

É necessário e importante receber orientação sexual para:

- conhecer os porquês das mudanças que dia a dia transformam o corpo do adolescente.
- poder dialogar com os pais, com os professores, com os amigos sobre um assunto que, para muita gente, ainda é considerado tabu.
- conhecer os métodos anticoncepcionais para evitar a gravidez precoce.
- estar preparado, bem informado e consciente do momento certo para a própria iniciação.
- saber se relacionar sexualmente de forma afetiva e prazerosa.
- ter conhecimento das doenças sexualmente transmissíveis (DST), inclusive a Aids, que se propaga entre as pessoas menos esclarecidas, preservar a própria saúde, fazer sexo seguro.
- denunciar sem medo qualquer tipo de assédio ou abuso sexual.

S

televisão

turma

universo

televisão

A televisão veio para ficar, se estabeleceu definitivamente na casa das pessoas como um membro da família, talvez o mais presente. Isso acabou dando a ela um grande poder de sedução: distraindo, divertindo, informando, influenciando, criando regras, interferindo nos costumes, no bom e no mau sentido.

Você e a TV

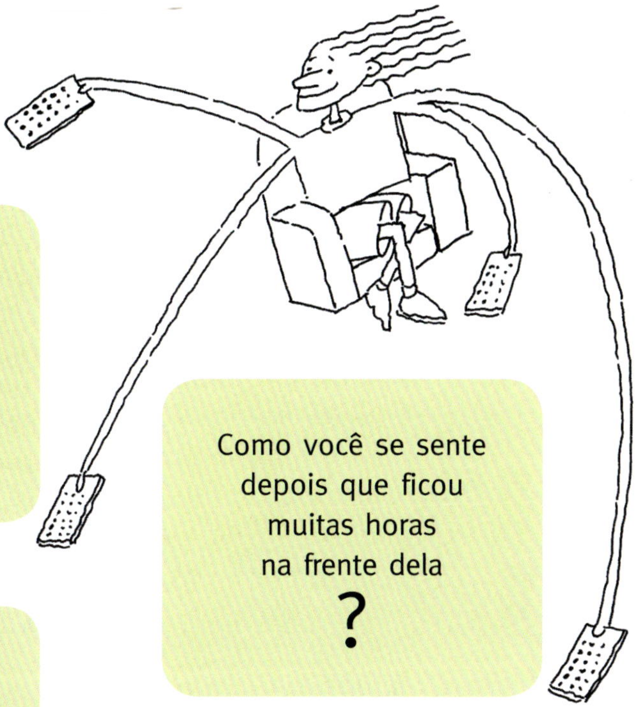

Quantas horas por dia você assiste à TV ?

Como você se sente depois que ficou muitas horas na frente dela ?

Você faz comentários, críticas, discute sobre o que assistiu ?

Que tipo de programação estimula mais a violência ?

Para você refletir, chegar a alguma conclusão e trocar ideias sobre este assunto:

Qual é a hora de se ligar, de desligar e de boicotar a TV?

É gostoso fazer parte de uma turma, não é?

Tem a turma da escola, a turma da rua, a turma do trabalho, a turma do esporte...

A afinidade entre as pessoas, o respeito pelas características de cada um, o diálogo, a vontade de realizações em comum permitem que, nas turmas, os adolescentes desenvolvam a convivência, enfrentando desafios, descobrindo coisas novas e crescendo juntos.

Identifique sua turma

Pacífica Bagunceira

Agressiva Transgressora

FECHADA Alegre

Encrenqueira

Provocadora

EXPANSIVA

neutra

Tranquila Briguenta

"Eu tenho a **turma** da escola e a **turma** do prédio em que moro. Quando dá, fazemos algum programa ou ficamos batendo papo, escutando um som, vendo filmes juntos... No meu bairro tem outras **turmas**, daquelas bagunceiras que só arranjam encrenca e ainda brigam entre si."
(Rogério – 18 anos)

universo

O que é o universo para você?

Como você se sente quando

› imagina o infinito?

› ouve falar em galáxias distantes milhões de anos-luz?

› olha para as estrelas numa noite escura ou vê a lua brilhando suspensa no espaço?

› pensa nos homens, nas plantas, nos animais, na maravilhosa complexidade da vida na Terra?

› olha para dentro de você e imagina o Deus que você acredita?

Quando você...

... se emociona com a pessoa que ama
... fica comovido com um poema
... se enternece com a luz do entardecer
... é tocado por uma música agradável

Você está descobrindo um pouco do universo que existe em você.

V

violência

valores

virtudes

voluntariado

As causas da violência são muitas!

O crescimento da população nas grandes cidades, a injustiça social, crianças abandonadas, a falta de acesso à educação e à cultura, o desemprego, o tráfico de drogas e de armas, a impunidade...

Quem é que não deseja viver numa sociedade pacífica e com menos problemas?

O que fazer?

Discutindo a violência

"Cada bairro, cada rua deveria juntar as pessoas e criar sua própria campanha. Imagine que onde eu moro tem um grupinho que sai de noite arrancando placas de ruas, quebrando telefones, destruindo coisas que é de uso de todo mundo! Que graça tem fazer isso?"
(Susana – 16 anos)

"Só se fala em violência, e mesmo quem não tem medo acaba tendo. A televisão vive mostrando cada caso horroroso! Os pais não deviam deixar as crianças assistirem."
(Jonathas – 14 anos)

"A minha opinião é que mesmo quem não trabalha e não tem dinheiro se influencia e quer comprar as coisas. Conheço gente que, por causa disso, acaba assaltando e roubando. Mas eu não sei o que poderia ser feito."
(Martinha – 15 anos)

"Se todos os jovens fossem para a escola achando que, com estudo, seu futuro tem tudo para melhorar, aposto que acabariam essas gangues que só fazem coisas ruins."
(Luciane – 12 anos)

Você se lembra de quantos casos de violência ouviu falar nos últimos tempos? Do que você tem mais medo?

Sempre existiram os valores humanos, que são passados de pai para filho, de geração para geração e que acabam sendo moldados pela cultura da sociedade onde cada um vive. Tais valores influenciam profundamente o comportamento das pessoas.

Respeitar e cultivar esses valores significa estar sempre atento aos próprios sentimentos e atitudes, possuir mais segurança na hora de agir, sentir-se gente de verdade.

Reflexões

✓ Você se sente bem em ser como você é?

✓ Quem é que mais passa valores humanos para você?

✓ Na nossa era de avanços tecnológicos, de globalização, você é capaz de responder como andam nossos valores interiores e os do mundo atual?

✓ Para se ter uma sociedade mais justa, que valores deveriam ser revistos, discutidos e resgatados?

Comece a prestar atenção: quando as pessoas em geral comentam sobre si mesmas ou sobre os outros, o que elas valorizam mais: o que possuem, mostram, compram, ou desejam comprar, ou as virtudes, as ações corretas, a harmonia pessoal?

Claro que você tem muitas virtudes e deve saber que quem pratica a bondade, a fraternidade, a honestidade, a compaixão... vive com mais dignidade. Vive em maior harmonia consigo mesmo e com os outros na busca da paz e da não violência.

Com você mesmo, com sua família, com seus amigos, na convivência em geral, qual foi a última vez que você praticou alguma destas virtudes?

Paciência
Companheirismo
Generosidade

Perdão
Respeito
Solidariedade

Verdade
Tolerância

Compaixão
Fraternidade

E quando você poderia ter praticado e deixou de praticar?

Será que vale a pena ser solidário, ampliar sua participação social, aproximar-se dos outros e trocar experiências, aprender novas formas de convivência e, por que não, acreditar que você está fazendo a sua parte para acontecerem mudanças positivas na comunidade?

E, então, você se pergunta:

"O que eu preciso fazer para ser voluntário?"

- Sentir vontade de dedicar uma parte do seu tempo ocioso exercendo uma atividade não remunerada que beneficia um grupo de pessoas.
- Refletir sobre o que você gosta mais e que sabe fazer melhor para desenvolver com os outros: aulas particulares, recreação, leitura de livros, esportes, artesanato...
- Escolher o grupo com o qual você tem mais afinidade e facilidade de contato: crianças, jovens, doentes, idosos, moradores de rua ou qualquer outro grupo.
- Pesquisar na sua comunidade os lugares em que são aceitos voluntários, se apresentar, encarar sua função com as melhores das intenções e começar o trabalho!

"Sou técnico de um time de futebol infantil numa favela perto da minha casa. O pessoal lá está bem organizado. Tem outros voluntários de diferentes atividades que trabalham com as crianças. Quem me deu a dica foi um amigo que dá aulas de capoeira."
(Marcos – 17 anos)

V